介護のしごとが楽しくなるこころシリーズ 8

よく見

介護

書き方

介護場面別に
利用者のどこを見て
何を伝えるか
記録のポイントを解説

監修
松井奈美
植草学園短期大学
福祉学科 教授

日本医療企画

はじめに

介護職になったばかりの新人にとって、日々の業務は初めて経験することばかりです。

どうすればいい？　どうして？　などの疑問があっても、先輩や上司に、何をどう聞けばよいのか迷うことも多いでしょう。

そんなとき、新人介護職員の皆さんにさまざまなヒントを与えてくれるのが「介護のしごとが楽しくなるこころシリーズ」です。

本シリーズでは、介護職員が自信をもって笑顔になる、利用者が喜び元気になるサービスを、《介護のこころ》とともに学ぶことができます。

シリーズ第８巻は、『よく見て伝える 介護記録の書き方』です。

介護職員になると、介護記録をはじめとして文章を書く機会が非常にたくさんでてきます。介護職員は、自分が利用者に提供したサービスや利用者の状態についてその都度詳細に記録しなくてはなりません。そのたびにどのように書けばいいのだろうか、はたして読んだ人に正しくと伝わっているのだろうかと疑問に思うこともあるかもしれません。

そこで本書では、みなさんのそのような疑問に応えるべく、第1章では介護記録とは何かを学んでいきます。

第2章では介護職員が記録を書くときに気をつけるべき点や押さえておくべきポイントについて学んでいきます。

第3章からは介護記録の種類とその意義について学んでいきます。

また第4章では5人の事例を通して、主に業務記録について具体的な書き方を学んでいきます。

最後の第5章では、介護記録に必要な症状、部位の名称など専門用語について学びます。

援助目標に沿った観察にもとづき必要な情報がわかりやすく書かれた介護記録は、よりよい介護サービスにつながり、利用者の笑顔を生み出します。本書を通じて介護記録の書き方の基本を身につけてください。

目　次

第4章　場面ごとの文例集

第5章　介護記録で使うことば

◆本書の使い方◆

第1章　介護記録とは

介護記録とはどういうものか、なぜ必要なのかを学びます。

第2章　介護記録の書き方

介護記録の書き方を一から学びます。

第3章　介護職員が書く記録

介護職員が書かなければならない記録の種類について学びます。

第4章　場面ごとの文例集

場面に応じてどのように書けばよいかを学びます。

第5章　介護記録で使うことば

用語の正しい知識を身につけます。

第1章

介護記録とは

介護記録は、利用者を理解し、適切なケアを行うために必要不可欠なものです。介護記録の書き方を習得することによって、より一層利用者に喜んでもらえるケアが行えるようになります。ここでは介護記録の基礎を学んでいきます。

なぜ介護記録が必要なのか

介護記録を理解する

仕事を始めると、介護職員が文章を書いたり記録する機会が多いことに気づくでしょう。

記録が必要である理由として、次の２つがあげられます。

①利用者に最善の介護をするため

②利用者の最善の介護を行うために介護職員がすべきことを知るため

記録を残すことは、利用者のためでもあり、介護職員のためでもあるのです。

まずは介護記録にはどのようなものがあるのかをみていきましょう。

記録の種類

介護記録には、フェイスシート、ケアプラン、業務記録、介護経過記録や食事・水分摂取・排泄の記録表、インシデント（ヒヤリハット）報告書・事故報告書、申し送りなどがあります。このうち介護職員が書く機会が多いものは業務記録、介護経過記録、インシデント・事故報告書です。

フェイスシート：利用者のプロフィール（住所、氏名、生年月日、身体状況、経済状況、生活環境、家族構成など）を記します。
ケアプラン：利用者・家族と交わす契約書といえるものです。短期目標、長期目標、具体的なサービス内容などを記します。
業務記録：介護日誌とも呼ばれます。現場の介護職員が日々の業務を記録します。
介護経過記録：ケース記録とも呼ばれます。時系列に沿って、利用者に提供した介護サービスの内容を記します。
インシデント・事故報告書：インシデント・事故についての原因、結果を記します。インシデントとは、重大な事故にはならなかったが、一歩間違えばその可能性のあった事態を指します。ヒヤリ・ハットともいわれます。

また訪問介護等では、利用者の家族との連絡ノートを書くこともあります。

介護記録の目的は何か

●みんなの記録で利用者の全体像を把握

介護現場では、一人の利用者に何人ものスタッフが関わっています。在宅の場合、曜日によって訪問する介護職員が異なったり、施設の場合、食事、排せつ、移動など介護サービスごとに担当者が異なったりするものです。そこで、それぞれの場面で得られる利用者の情報をまとめ、利用者の状況をしっかりと把握するために記録します。その結果、より利用者のニーズに合った介護が可能になります。

また、介護には、ケアマネジャー、医師、看護師、理学療法士（PT）、作業療法士（OT）など多職種が関わります。したがって、記録をするときは、ほかの職種に情報が正しく伝わるよう配慮することが大切です。

●利用者の変化をとらえる

記録は積み重ねることによって、データとなり、利用者の経時的な変化をとらえる材料となります。昨日は食欲がなかったけれど、今日は完食できていた、先月は移動介助が必要だったけれど今月はトイレまで自力で歩行できたなど、利用者の変化が目に見える形で把握できるのが記録です。

利用者の変化がわかれば、現在のケアプランが利用者の状況に合っているかどうかを検討することができます。利用者の変化に応じたケアプランの変更は、適切な介護の提供につながります。

●記録が「なぜ」を考える材料になる

「昨日から食べ残しが多いが、なぜなのか」こうした疑問をもつことが1ランク上の介護につながります。さらに記録を統合することで利用者の全体像が見えてきます。たとえば口腔ケアで「入れ歯が合っていない」という記述があれば、これが食欲不振の原因かもしれないと推察し、適切に対応することができるでしょう。

●自分の関わりを残す

介護サービスは、介護保険法に基づいて利用者と契約を交わして提供され、介護費用が支払われます。記録は、提供されたサービスがケアプランに基づいたものなのか、適切な介護が行われているのかを判断するための法的な証拠となります。

介護職員は日々、懸命に業務をこなしていますが、トラブルが起こったり、不幸な事故に出合うこともあります。責任の所在がどこにあるのかを問われることもあるでしょう。そのときには何より事実関係をはっきりさせることが必要になります。

人間の記憶ほどあいまいなものはありません。逆に、どんなメモでも証拠になりえます。ましてきちんと記された介護記録であれば重要な証拠となりうるでしょう。

【MEMO】

第2章

介護記録の書き方

介護記録は、利用者のためだけでなく、同じ事業所で働く介護職員や医療職、利用者の家族のためのものでもあります。そのため正しくわかりやすく記録することは、周りからの信頼を得ることにもつながります。

介護記録の留意点

わかりやすく書くポイント

PDCAとSOAPを意識する

記録の目的によって、PDCAとSOAPのいずれかを意識して記録することが必要です。

PDCAとは、P（plan＝計画）、D（do＝実行）、C（check＝評価）、A（act＝改善）の頭文字をとったものです。利用者の状況を把握したり、情報を共有したり、利用者の新たなニーズや生活変化を他の介護職員や他職種に伝達する場合に適しています。

このごろは、介護記録を書くときにSOAPを取り入れる施設が増えています。

SOAPとは、S（subjective data＝主観的情報）、O（objective data＝客観的情報）、A（assessment＝アセスメントまたはanalysis＝

分析)、P(plan＝計画)の頭文字をとったものです。その人の問題に焦点を当て、問題を解決する計画を立てる際のツールとして看護の分野で活用されている様式です。ケアプランの確認・見直し、モニタリングに適しています。

先週から食欲が落ちている利用者Fさんを例に、SOAPに沿った記録の書き方を見てみましょう。

S：Fさんからの訴え「入れ歯が痛い」

O：Fさんの実態「朝、夕はご飯を全量残す。昼の麺類は完食」

A：やわらかい麺類は完食しているので、入れ歯に原因があるのではないかと推察される。

P：歯科受診をケアマネジャーに提案する。受診までは、軟食に変更し様子をみる。

最後に、計画の結果を評価し、改善されていなければ、新たに原因を追究します。

観察しなければ記録は書けない

数値やチェックを入れればよいだけの欄はさておき、自由記述欄には何を書けばよいのかわからないという声をよく聞きます。「昨日とお変わりありませんでした」という表現は、NGなものの代表です。とはいえ、そう書くしかないという気持ちもわからないでもありません。

利用者の状態を記述するためには、その人をよく観察する必要があります。では、何をどのように観察すればよいのでしょうか。観察すべき内容は、ケアプランの援助目標に書かれています。ケアは常に援助目標に沿って行うので、観察も援助目標を念頭において行います。

読むのは誰か

記録する前にまず、誰がこの記録を読むのかを考え、それに合う内容や文体にすることを心がけます。

●介護職員や医療職

同じ介護職員や医療職が読むのであれば、簡潔で正確なことが第一に求められます。そのため、誤解のないように不必要な敬語は省き、「である調」で書くようにしましょう。「〜である」を省略して体言止めにしてもよいでしょう。記録は、利用者やその家族が目にするかもしれません。失礼のない表現を心がけましょう。

また、数値などを入れ、客観的な事実が伝わるようにしましょう。「かなり熱があった」と書くと、この書き手の「かなり」は何℃なのか他人にはわかりません。「39℃の発熱」と書けば、誰にでもわかる客観的な記録になります。

●利用者やその家族

利用者やその家族が読むものには、思いやりのある文章を書くことが信頼関係を築く助けになります。実際の介護場面も同様ですが、礼儀正しく相手を尊重することが必要です。それには、敬語の正しい使い方をマスターしましょう。

ここで注意しなくてはいけないことは、形にこだわりすぎて、冷たい文章にならないようにすることです。礼儀正しく誠意の見えることを表す慇懃《いんぎん》という言葉に無礼がつくと、一見礼儀正しいようだけれども実は心がこもっておらず、かえって尊大な印象を相手に与えるという意味の「慇懃無礼」になります。利用者やその家族に向けた文章を書くときには、この文章を読んで相手がどのように受け止めるのかを考えることが大切です。

専門用語やその事業所内でのみ通じる略語を使わないことも、読む相手が利用者やその家族である場合の思いやりであり礼儀です。

利用者を否定するような言葉を使わない

利用者の言葉に傷ついたり、腹立たしい気持ちになることもあるかもしれません。自分が書いた記録を読み返してみて、「暴言を吐かれた」「暴力を受けた」などのサービス提供者の主観的な記述はないでしょうか？　暴力、暴言はとらえ方によって差が出る主観の入った言葉です。記録では、「肩を押された」「出ていけと言われた」など、記録者の主観が入らないように事実を書くことが必要です。

もし、主観の混じった言葉が見つかったときには、介護のプロである自分が利用者に対して先入観をもっていたり、思い込みがあったことに気づくまたとないチャンスです。なぜその利用者はそういう行動をしたのかに視点を変えてその時のことを振り返ってみましょう。

伝わる文章を書くには

●5W2Hを書く

記録で基本となるのが、5W2Hです。

いつ（When）

どこで（Where）

誰が（Who）

何を（What）

何のために（Why）

どのように（How）

どれくらい（How much）

これに誰を、誰に（Whom）が加わり6W2Hといわれることもあります。

記述するときにも注意が必要ですが、書いた文章を読み返したときにも、これらがきちんと入っているかどうかをぜひ検証してみてください。読み返すことを習慣にすることで、正確な記録の書き手へと成長していくことでしょう。

これは、口頭での報告や日々のコミュニケーションにも役立ちます。

●主語・述語を対応させる

一生懸命文章を書いていると、いつの間にか誰が（主語）その行為や動作をしていたのか（述語）がわからなくなってしまうことがあります。例えば「私の夢は一生懸命勉強して立派な介護職員になりたくさんの人が笑顔になります」のように主語と述語が対応しない文章です。

文章を書き終えたら、必ず読み返すことがポイントです。また主語などをむやみに省略しないというのも読み手に正しく伝えるためのコツになります。

●事実と推測の違いを明確にする

「〜のようだ」「〜と思われる」という表現をするときには、事実ではなく書き手の主観が入っていると考えられます。憶測ではなく、事実を書くことが大切です。特に、事故、インシデント報告書などは、事実は事実として記述して、推測したことは「〜と推察される」などと必ず推測であることを明記するようにします。

しかし主観をもつことが一概に悪いわけではありません。主観がなければ利用者の異常や変化には気づくことができないからです。気づいたことに、どのような根拠で客観性をもたせることができるかが大事です。

そのため推測した根拠となる事実を明記することも大切です。「〜のことがあった」ゆえに

「〜であると推測される」と明記するようにしましょう。

●あいまいな表現に注意

あいまいな表現は、読み手を混乱させ、利用者への適切な働きかけができなくなります。

誰が見ても一目でわかる表現をこころがけましょう。特にそれ、これ、などの指示代名詞を多用することは混乱を招きます。常に読み手を意識して書きましょう。

言い換えの例

望ましくない例	望ましい例
たくさん 多め	茶碗に盛ったご飯全部 250ml入るコップ一杯の水
久しぶり	○日ぶり
昔	20歳の頃
少し	2口ほどの水
ひどい痛み	きりきり痛む
大きな	10cm×10cmの
ときどき	月1回

●時間の書き方

記録には、時間を記入することが必須です。午後２時と書くのか、14時と書くのか、事業所でどのような表記をするか決めておく必要があります。

●接続詞の使い方

１つの文章と次の文章をつなぐときには、適切な接続詞を使わないと、文意が通らなくなってしまいます。かといって、特別な接続詞を使う必要はありません。表にあげたような接続詞を適切に使うとよいでしょう。

接続詞の種類

前の文章にそのまま続ける（順接）	それから　そこで　だから その結果　したがって
前の文章と逆のことをいう（逆接）	しかし　けれども　だが ただし　ところが
同じことを並列	また　あるいは
つけ加える（累加）	さらに　その上
説明する	なお　つまり　たとえば なぜなら
話題を転換する	さて　ところで

法的な根拠とするには

介護記録は、介護保険法で定められた公的な文書です。適切な介護を提供した証拠となる記録として信頼できるものである必要があります。つまりこの記録は改ざんされているのではないかと疑われる余地をつくらないことが重要です。

そのためには、次のような配慮が必要です。

①記録者の氏名を漢字で署名する

②日付、時刻を記入する

③余白ができた場合は、〆の記号や斜線などを引いて余白であるということを明らかにする

④訂正する場合は、修正液を使わず、二重線で消し、二重線の上に訂正印を押す

⑤行間はあけないようにする

行間があいていたり、余白があると、事故などがあったときに、あとから都合のよいことを書き加えたと受け取られる可能性があります。

記録のための時間を確保する

介護記録は、利用者のその人らしい生活を支援するために書く重要なものです。

介護職員はその重要性を理解し、業務が終えたら記憶が新しいうちに必ず記録をしましょう。サービスの時間配分には連絡帳などの記録時間も忘れずに確保してください。

チェックリストを活用する

すべて書き上げたら、必ず読み返します。往々にしてまさかと思うところに誤字脱字が潜んでいるものです。同時に、必要な内容が書かれているかをチェックします。これを習慣にすれば、読み返しが短時間で済むようになるでしょう。

この章の終わりにチェックリストの例をあげておきますので、自分の癖や事業所独自のルールなども項目に追加して、自分だけのチェックリストをつくってみることをお勧めします。

●チェックリスト

介護記録を書いたときは、次のことに注意して読み返してみましょう。

各介護事業所で、記録方法など異なる点があるかもしれません。これまでの記録のあり方を参考にしたり、わからない点は先輩や上司に確認して、利用者の生活支援に役立つよりよい介護記録をめざしていきましょう。

- □時刻、氏名は書かれているか
- □5W2Hが書かれているか
- □主語と述語は合っているか
- □あいまいな表現を使っていないか
- □利用者に否定的な言葉はないか
- □「ですます調」または「である調」に統一されているか

第3章

介護職員が書く記録

介護職員が書かなければならない記録は、業務記録や介護経過記録などをはじめたくさんあります。この章では、それらの種類やその違いについて詳しく学んでいきます。

業務記録の意義と書く際のポイント

業務記録とは、事業所によって、業務日誌などともよばれる文書で、事業所でその日に起きた出来事を記録するものです。略語や用語の使い方などに、その事業所独自のルールが存在しますので、それに沿って記述することが求められます。

また、業務記録は一人の職員だけでなく、たくさんの職員が記入するものなので、ほかの人がどのように記録しているかが参考にできます。つまりそれは自分の記録も見られるということですから、誰にでも伝わる文章を心がけましょう。ほかの職員が行っている介護が記録から読みとれ自分の介護を見直すきっかけになることもあります。

施設の業務記録

業務記録の内容は、その日の入所者の様子、来訪者や相談者の記録、利用者家族からの連絡内容やその日に特別に起こったこと、申し送り事項などです。

特に、申し送りの記録はとても重要です。伝える必要のあることを正確かつ簡潔に書きましょう。

＜申し送り記録＞

×不適切な記入例

Ａさんより数日前から排便がなく、お腹が張るとの訴えがあった。多めの水分摂取を試み様子をみることになった。朝食後に、排便の有無を確認すること。

○良い記入例

Ａさんより３日前から[1]排便がなく、お腹が張るとの訴えがあった。Ｂ看護師に相談し[2]、食事と食事の間にAさんの湯のみ(1杯が約120ml)で3杯ほど[3]、水分をとってもらい様子をみることになった。

朝食後に、排便の有無を確認すること。

1)数日前というあいまいな表現ではなく、具体的に記述する。

2)Aさんの訴えに対してどのように対応したのか明確にする。

3)多めというあいまいな表記ではなく、分量を明確にする。

あくまでも必要なことを簡潔に、わかりやすく伝えることが求められます。

施設の業務日誌を書く際は以上のことに気をつけて行うとよいでしょう。

訪問介護の業務記録

訪問介護の業務記録とは、利用者に対する支援記録を指し、自分が行った介護や対応方法を詳しく記録します。

訪問介護では残念ながら介護職員同士がお互い密な連絡をとる機会が少なく、また施設などに比べて利用者と接する時間が短いため、利用者一人ひとりを細かく把握できない現状で記録することになります。この点が施設介護と訪問介護における業務記録の大きな違いです。

業務記録には､利用者に関する情報を共有し、職員間の対応の差を埋めるという目的があります。そのため訪問介護では介護職員の業務記録が非常に重要になってきます。業務記録を正確に書くことによって、より利用者のニーズに応じた支援を行うことができるようになります。訪問介護では、施設介護より一層業務記録を適切に書く能力が求められることになります。

利用者の状況や変化を時系列で記すのが介護経過記録

介護経過記録とは

介護経過記録は、一人の利用者についての生活の状況や活動の内容、またはその変化について時間的な経過に沿って記述したものです。自由記述になるため、介護職員の中には苦手とする人も多いかと思います。しかし、介護経過記録によって利用者の身体の状態や生活環境を理解できますし、利用者がどのような生活をしているのかの証拠にもなります。また、介護経過記録を残すことで、介護職員が利用者に対し、適切なケアがなされているのかどうかを見直すことにも役立ちます。

介護経過記録の例

利用者名	○○××様
記録者	□□△△
日時	内容
１月10日	朝食を残されたので、理由を聞くと「熱っぽい。食欲がない」とのこと。体温をはかると37.3℃だった。医療職へ報告した。
１月15日	声かけすると「今日はとても気分がよい」とのこと。昼食も完食。そこで久しぶりに屋外へ散歩に出た」「久しぶりに外へ出て気持ちよい」と言い、30分ほど外ですごした。

二度と事故が起きないために作成するのが事故報告書

事故報告書とは

事故報告書などというと、一体どんな責任をとらされるのかと不安に思ってしまう介護職員がいるかもしれません。しかし、事故報告書もインシデント（ヒヤリ・ハット）報告書も、決して犯人捜しを目的としたものではありません。

不幸にして事故が起こった場合は、法に定められた通りにきちんとした報告書を残さなければいけません。そして、どのような原因で事故が起こったのかを徹底的に追求し、今後二度と同じような事故を起こさないために、改善すべきところは改善しなければなりません。報告書は、そのためのツールです。

事故報告書の例

氏名　○○××

種類　転落

場所　居室

状況　夜間、一人でトイレに行こうとしてベッド脇に転落

対応　23時からの見回りの時、居室に入ると利用者が転落しているのを発見。すぐにベッドへ移乗し、ケガの有無を確認。
からだに変化もなく、特に痛がっている様子もないので、「転落したが、大事に至らず」と上司に報告する。

原因　暗い中、一人で立ち上がろうとしたため。

対策　尿意があったのかなど、どうして一人でベッドから出たのか、理由を確認し、そのことへの対応を行う。

インシデント（ヒヤリ・ハット）報告書

ヒヤリ・ハット報告は事故を未然に防ぐために役立つ

インシデント（ヒヤリ・ハット）報告書とは

天ぷらを揚げていてちょっと目を離したすきにもうもうと煙が上がっていたなど、ヒヤッとした経験がある人は少なくないと思います。介護の現場ではヒヤッとすることが起こると、人命に関わることもあるので、深刻です。インシデントとは、ヒヤリ・ハットともいわれ、事故にはならなかったけれども、事故になってもおかしくはなかった出来事をいいます。

このインシデントには、介護事故を起こさないための貴重な情報が含まれています。たとえ一人の時に自分のミスで起こってしまったインシデントであっても、事業所に報告し情報を共有することが大切です。

インシデント報告書の例

報告者　□□△△

日時　○月×日

場所　○○××利用者宅

状況　利用者に立位になってもらっているとき、ほんの一瞬目を離したすきに利用者が転倒しそうになった。

問題点　利用者から目を離したこと。

今後の対策　転倒しないよう利用者から目を離さない。
いすなどに座ってもらってから別の作業に移る。

連絡ノートは介護職員と利用者の家族をつなぐ貴重な手段

連絡ノートは家族との交換日記

日中家族が仕事などで不在にしている間に利用者宅に介護に入る場合は、訪問する際も、退出の際も、まったく家族と顔を合わせないことがあります。認知症などでコミュニケーションが難しい利用者であれば、家族は自分のいない間の利用者の様子を知りたいと思っていますし、双方から連絡すべきことも出てきます。

こういう場合、メモを残すという方法では、紛失の危険もありますし、雑然とした保管になってしまいます。

そこで、連絡ノートをつくってその日の利用者の様子、どのような介護をしたか、家族への伝達事項などを書き留めて、家族とのコミュニケーションのツールとします。家族と利用者のことを思いつつ、交換日記をしているという感覚でしょうか。相手の笑顔を思い浮かべながら書くというのがコツです。そうすれば、形だけにとらわれることなくこころから相手を気遣う文章が書けるようになるでしょう。

利用者の経過がわかる

同じ利用者に複数の介護職員や他職種が関わることがあります。この場合も、連絡ノートがあると、利用者の様子、経過がわかり、ほかのスタッフがどのような介護をしているのかなどを知ることができ、次回自分が利用者に関わるときの参考にもなります。そうすることによって適切な関わり方が可能となるのです。

証拠としての連絡ノート

何か問題が起こったときに、「私はこう言ったのに」「いや、言ってない」と、水かけ論になってしまうことがあります。たいていはどちらかがやむなく折れることになりますが、折れたほうは、心中釈然とせず、後々までしこりが残ることになる可能性があります。そうした事態を避けるためにも、必ず証拠となる連絡ノートをつくることを提案しましょう。

人間の記憶力などは思いのほかあてにはならないものです。介護職員は自分や利用者の記憶力を過信することなく、しっかりと細かいところまで記録を残すことを肝に銘じましょう。

連絡ノートの実際

連絡ノートの読み手は主に利用者の家族なので、正しい敬語を使うことを心がけましょう。とはいえ、使い慣れない敬語で飾り立てる必要はありません。面と向かって話せば簡単なことも、文章にすると誤解を招くようなことも出てきます。誤解が生じないよう、簡潔な文章で書いてください。以下の点に注意しましょう。

●サービス提供日と時間、担当者名は必ず書く

記録には日時と記録した人の署名は必須です。連絡ノートにももちろんそのルールは適用されます。

●語尾は「です・ます」調

読み手に敬意を払うために、「です・ます」調にします。しかし「～でございました」などの過剰な表現をすると内容に注意が向きませんし、文字数が多くなり書く時間もとられます。「～でした」「～しました」で十分です。

●適切な敬語を使う

「れる・られる敬語」というものがあります。動詞に「れる」「られる」とつけると尊敬の意味になりますので、簡潔で便利です。ただし、たとえば、「食べられました」というと、食べることができたという意味か、単に食べたという意味かはっきりしません。

「れる・られる敬語」ではなく、「召し上がる」としてもよいでしょう。またはより簡単に「食

べました」、可能の意味が入れば「食べることができました」としてもかまわないでしょう。

●家族からの要望・連絡には必ず返事をする

連絡ノートに家族から「○○なので、××を使ってください」と要望が書かれていたとします。たとえ、介護職が指示どおりに行ってもその場にいない家族にはわかりません。「本当にやってくれたのだろうか」と不安な気持ちになるでしょう。

家族から要望や連絡があった場合は、必ず、「～の件、承知しました」「～でやりました」と返事をしましょう。

例）

利用者の家族から　「入浴の際には、入浴剤を入れて欲しい」

↓

介護職員より　「今日の入浴は、ハーブの香りがする入浴剤を入れました」

第4章

場面ごとの文例集

ここでは、5人の利用者の事例を通して介護記録をどのように書けばよいかを学んでいきます。場面ごとに何を書けばよいのか、どういうことを書くと今後役に立つのか、それらのポイントをあげました。しっかり学んでいきましょう。

事例から介護経過記録を知る

ここでは、それぞれの場面において観察すべきポイントや書くべきポイントについて5人の利用者の事例をあげながら、紹介します。

●登場人物

Aさん

76歳、男性　要介護２　介護老人保健施設（老健）に入所。脳梗塞の後遺症による重度右片まひで車いす使用。妻は健在。脳梗塞発症前は、妻、娘夫婦と孫２人（高校２年、中学３年）で二世帯住宅で暮らしていた。他県に息子夫婦がいる。

少し短気なところもあるものの、積極的で明るい性格で、リハビリに対する意欲も高く、目標は、在宅生活に戻ること。

Bさん

89歳、女性　要介護3　在宅　認知症。

89歳の夫と二人暮らし。歩行が困難で、外出時は車いすを使用。

近所に息子夫婦がいるが、共働きのため、介護は厳しい。孫は大学生で他県で一人暮らし。

本来几帳面で神経質であり、こだわりも強い性格だが、最近は無反応。

目標は、夫の負担を可能な限り軽減し、無理をせず在宅生活を続けること。

Cさん

80歳、男性　要介護2　在宅　認知症。

血圧やや高め。妻、娘の三人暮らし。

娘（50歳）は会社勤めのため、平日の昼間は介護ができない。妻のレスパイトケアのため週3回デイサービスに通所。

がんこな性格、やや神経質な一面もある。子ども好きで明るい。

目標は、症状の悪化を遅らせ穏やかに暮らすこと。

Dさん

78歳、男性　要介護1　在宅。右片まひ

55歳のときに脳卒中になり、右片まひになる。その後、杖歩行で仕事もしていたが、最近はふらつきがみられるようになり、軽度の認知症もある。80歳の妻と2人暮らし。子どももいない。デイサービスを週2回利用している。頑張り屋で明るく、豪快な印象のある方である。

Eさん

95歳、女性　要介護5　特別養護老人ホームに入所。転倒により寝たきりとなる。座位は可能。

Eさんが50歳のときに夫は他界。子どもが5人おり、入所前は長男夫婦、孫夫婦、ひ孫1人と同居していた。長男の妻が体調を崩し、Eさんの介護を続けることが難しくなったため入所。寝たきりになる５年前までは、地元の老人会などにも積極的に参加していた。
目標は、できるだけ安楽にすごすこと。

●記録場所

介護老人保健施設　老健
特別養護老人ホーム　特養
訪問介護　訪問　　デイサービス　デイ

体調

●ここで使う用語の例

顔色：赤い、蒼白、唇が紫

皮膚：湿疹、ただれ、湿っている、冷たい、熱感、乾燥、やけど

意識：せん妄、もうろう、ぼーっとする

姿勢：傾き、起座位

痛み：胸が痛い、背中が痛い、頭痛、胃痛、お腹が痛い、きりきりと痛い、鋭い痛み、鈍痛

排泄：下痢、便秘、水様便、兎糞、タール便、血便、血尿、吐き気、嘔吐

体調を表す言葉には、専門用語が多く使われます。医療職との連携が必要ですので、ある程度の専門用語を覚えていると正確に伝わりやすくなります。

Aさん　老健

10時半頃、食堂でテレビを見ているときに「気持ちが悪い」と訴えてきたので「吐きそうですか」と聞くと「うん」と答えたのでトイレに誘導すると嘔吐。嘔吐後は「よくなった」と言っていた。吐いたものは、朝食べたものだった[1]。額に触れたが、熱感はなかった。ベッドに横になってもらい、看護師に報告した[2]。

1）嘔吐物の観察の結果を記録している
2）その後の対応について記録している

Bさん　訪問

9時半に掃除と様子観察のために訪問。通常は、トイレの汚れはさほどないが便器、便座に便がついていた[3]。「おなかが痛いですか？」と聞いても返事はなく、いつもよりボーッとしている印象であった。体温を測定したが平熱。夫の了解を得てBさん宅から訪問介護ステーションの看護師に報告した[4]。

3）いつもと異なる状況に気づき記録している
4）対処法をきちんと記録している

Cさん　デイ

入浴後、15時頃に「ちょっと横になりたい」と言ったので、療養室で横になってもらった。看護師が血圧を測ると165/95だった。もともと血圧が急に高くなることがある[5]ので、しばらく様子をみることにした。15時半にもう一度測ると、130/80になっており、もう30分横になっていてもらうと、125/75[6]になっていたので、いつもどおりの時間に帰宅した。

5）Cさんの通常の状態を把握して対応したことを記録している
6）具体的な数値を記録している

Dさん　訪問

デイサービスへ出かけるための準備支援のため訪問すると、「昨日の晩にトイレの前で転んで腰を打って動けない」と、ベッドに横になっていた。「どこを打ちましたか？」と聞くと「右の腰を打った。立ち上がれない」[7]とのこと。事業所に報告しデイサービスへ連絡をしてもらった後、奥様に救急車を呼ぶように勧めた[8]。

7）けがの状況について詳細に記録している
8）Dさんの訴えに対し、的確に処理したことを記録してる

Eさん　特養

15時に清拭を行った際、足の浮腫がいつもよりひどい[9]ので、看護師に報告した。

9）Eさんの異変に気づき記録している

気分

●ここで使う用語

落ち込み　高揚　興奮　怒り　脅え
抑うつ　焦燥

気分の変調は、体調によるものかもしれません。また逆に、気分の変調が動作や食欲などにも影響を与えます。気分の変調の背景には、重大な疾患がひそんでいることもあります。わずかな変化の兆候をとらえられるように、気になったことは細かいことでも記録しておきましょう。

Aさん　老健

いつも笑顔のAさんだが、今日は移動介助のときにいつも言ってくれる「ありがとう」もなく、イライラしている様子だった[10]。昼食後にみんなから離れて座っていたので、「何かありましたか」と尋ねると、最初は「別に」と言っていたが、しばらくして「うまく食べられないんだよね…」と話してくれた。リハビリがうまくいかず不安な気持ちになっている様子。意欲が低下しないよう支援していく必要がある[11]。

10）普段と様子が違うのに気づき記録している
11）Aさんから事情を聞き、心情を推測し記録している

Bさん　訪問

いつもよりことば数が少ないため、理由を聞くと「おなかが痛い」とのこと。「お食事は召し上がっているのですか」と尋ねる[12]と、「食べたくない！　どうでもいい！」と言われ、そのままベッドに横になられた。この不快な感情の原因が何なのかは不明である。

12）Bさんの変化に気づき、ことばかけをしたことを記録している

Dさん　デイ

デイサービス利用中に、いつもの明るい笑い声が聞かれず[13]、落ち込んでいる様子だった。話しかけてみると「だんだんと動けなくなっている。リハビリを頑張ってももう以前のようには動けなくなる」[14]と力なく悲しそうな表情で言っていた。

13）普段のDさんとどう様子が異なるかを記録している
14）Dさんの気持ちを具体的に聞き出し記録している

生活支援

生活支援を必要とする利用者は、介護サービスを利用して、在宅での生活を続けたいと望んでいる人たちです。

加齢とともに今まではできたことができなくなってくるのは避けられませんが、介護職員はできることをなるべく引き延ばすように、支援します。そのためには、支援をしながら利用者の変化をとらえ、記録することが重要です。それによって、変化の経過が明らかになりますし、ほかのスタッフの目にとまることで変化の兆しを発見できる場合があります。気づいたことはどんな小さなことでも、記録しましょう。

買い物支援

●ここで使う言葉

預り金　　合計　　おつり　　品名　　数量
価格　　店名

買い物支援は、お金がからむことですので、金額の授受は出納帳に記入して明らかにすることが求められます。

買ってくる品物については、銘柄や予算などなるべく詳しい情報を聞いておきます。また、指定された商品がない場合、購入しなくてよいのか、あるいは代わりとなる商品の購入が必要なのかも確認しておきましょう。

購入する商品がわかったら、予算に近い額を利用者から預かり、その後、出納帳に金額を記入し、利用者からサインか捺印をもらいましょう。

買い物を終えて帰宅したら、レシートや領収書を出納帳に貼り、つり銭を記入したうえで、利用者に記入した内容と、つり銭を確認してもらって、出納帳にサインか捺印をもらいます。

レシートがない個人商店での買い物の場合は、必ず領収書をもらいましょう。

金銭に関するトラブルは、それまで築き上げた信頼を一瞬で崩壊させることもあります。

利用者が疑念を抱くことのないように、留意することが介護職員として求められます。

Bさん 訪問

風邪が治ったばかりのＢさんの体調を考え

て、事業所の判断で、今日の買い物は介護職員が一人で行った。「孫が遊びに来るから、いちごのショートケーキを３個買ってきてね」と頼まれた。他県にいてなかなか会えないお孫さんの来訪をとても楽しみにしている様子である。本日買ってくるその他の食材をメモしながら確認し、3,000円を預かり出納帳に記入して、Ｂさんから捺印をもらった。買い物から戻り、ショートケーキも含めて買ってきた食材についてメモとレシートで照合し、買いものの代金と、つり銭の確認をして、捺印をもらった。

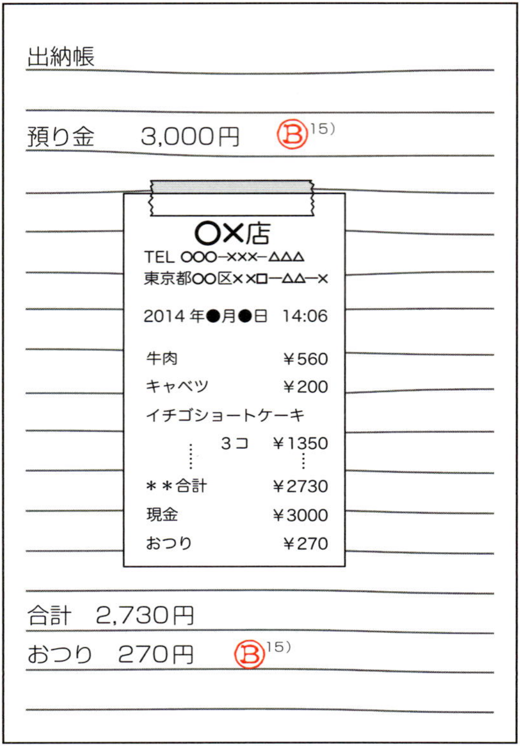

出納帳
預り金　3,000円　Ⓑ[15]
○×店
TEL ○○○－×××－△△△
東京都○○区××□－△△－×
2014年●月●日　14:06
牛肉　￥560
キャベツ　￥200
イチゴショートケーキ
3コ　￥1350
＊＊合計　￥2730
現金　￥3000
おつり　￥270
合計　2,730円
おつり　270円　Ⓑ[15]

15）お金を預かったとき、つり銭を渡したとき、Dさんに確認してもらった上で捺印してもらったことを記録している

調理支援

●ここで使う用語

朝食　昼食　夕食　　献立　　食欲

残食（食べ残し）　　感想

調理支援では、病気をふまえた栄養のバランスに加え、利用者の好みを取り入れることがおいしく食べてもらうために必要です。献立を考えるときには介護職員の押しつけではなく、何が食べたいのかを尋ね、相談して利用者が自分で選択し決定することが生きる意欲を高めることにつながります。食べる楽しみを通して利用者とのコミュニケーションを図りましょう。

また、食欲は利用者の体調を知るうえで、大

事なバロメーターとなります。残食なども把握し、記録しましょう。

どのようなものを残しやすいかがわかれば、次の献立や調理法の工夫にも役立てられます。

Ｂさん　訪問

今日は調理支援の初日なので、Ｂさんと夫に、Ｂさんの嗜好について聞いた[16)]。

- 濃く甘めの味付けが好み
- 魚よりは肉、特に牛肉が好き
- 白米に１割ほど雑穀を入れる
- 実家から持ってきたぬかどこがある
- 嫌いなもの：酸味の強いもの

Ｂさんは70年近く主婦として料理をしてきたので、なるべくＢさんの調理法や味つけの好みを聞くようにした。今日の献立もＢさんと一緒に考え、レシピを決めた。

昼食の献立：白米（雑穀入り）
ワカメと豆腐の味噌汁
牛肉入り野菜炒め
かぶと人参のぬか漬け

16）調理支援に当たってあらかじめＢさんの食習慣をＢさんだけでなく夫にも確認し記録している

洗濯

●ここで使う用語

洗濯　干す　取り込む　たたむ
収納

清潔な衣服を着用していることも大切ですが、その季節に合ったものを着用しているかどうかは、認知症状の進行度を測るうえで重要なポイントになります。

洗濯物の干し方、畳み方、収納は個人のこだわりがありますので、必ず利用者に確認します。

Bさん　訪問

Bさんは洗濯物の干し方にこだわりがある。

異なる方法で干すと、イライラし、強いことばを発するとのことなので、夫に干し方を聞いた。①シャツはハンガーにかけてボタンを留める。②下着類は角ハンガーに上着から下着の順に吊るしていく。③タオル類は別の角ハンガーにまとめる[17]。以上の3点に気をつけながら洗濯した。

17)Bさんが普段している洗濯の仕方を理解し、他者に方法を伝える形で記録している

清掃

●ここで使う用語

居間　寝室　台所　玄関　トイレ
浴室　階段　廊下　整理整頓
片づけ　ゴミ出し

高齢になると視力が低下し、ほこりがたまっても気づかないことがあります。掃除の援助は利用者の目となり手となって利用者に危険がないように配慮しつつ掃除をします。

Ｂさん　訪問

洗面台前とシンク前に水がこぼれていた。

転倒の危険があると判断し、拭き掃除を行った。テーブルの上に放置してあった湯のみは、Ｂさんが伝い歩きをしたときに落ちる可能性があったので、Ｂさん夫婦に、「歩くときに危ないのでテーブルの上を片づけました」と口頭で報告した[18)]。

18）Bさんに自分のしたことを根拠とともに報告したことを記録している

口腔ケア

●ここで使う用語

歯みがき　うがい　義歯の清掃
低栄養　誤嚥《ごえん》　歯周病　カンジダ
舌苔《ぜったい》　乾燥　口腔《こうくう》粘膜、歯肉（発赤《ほっせき》・白斑《はくはん》）　食物残渣《ざんさ》　口臭　虫歯　歯石
歯間ブラシ　デンタルフロス
スポンジブラシ　自立

口腔を清潔に保つことは、高齢者の健康のために重要です。入れ歯が合わず噛むたびに痛みがある場合や、舌苔がひどく食べ物の味を感じられない場合には、食欲が著しく低下します。

口腔ケアの際に口の中を観察し、異常があれば歯科医の受診につなげましょう。

Aさん　老健

洗面所に自走し歯磨きをした。右片まひのため、左手で歯ブラシを持ってもらう。最初はやりにくそうだったが、徐々に歯ブラシをスムーズに動かせるようになった。どうしても、同じほうだけを磨いてしまうので、「Aさん左上も磨きましょう」と言うと[19]、そちらにも注意を向けてくれた。

19）Aさんの特徴を把握し、自立にむけて対応したことを記録している

Eさん　特養

Eさんの舌には舌苔《ぜったい》がみっしりとついていた。口腔ケアの前に殺菌作用・舌苔除去効果のあるはちみつを口に含んでもらった。その後、スポンジブラシで優しく舌の表面をこすった。奥までブラシを入れて、えずかないように注意しながら行った。いくらか取れたものの、取りきるまでには時間がかかりそうである。看護師に、取りにくい舌苔があることと、訪問歯科を利用したほうがよいのではないかとの意見を伝えた[20)]。

20）医療職との連携の必要性を記録している

整容

●ここで使う用語

身だしなみ　　更衣介助　　洗面　　爪切り
整髪　　ひげ剃《そ》り　　自立

身だしなみを整えることは、社会性につながります。これが崩れてくると、要注意です。生活意欲の低下を防ぐためにも身だしなみを整えることが気持ちがいいとわかってもらえるような援助をしましょう。

困ったときは専門職と連携を

舌苔に限らず、困ったときは専門職との連携が必要です。少しでも異変を感じたときは、すぐに上司や看護師に報告しましょう。

実はたいしたことはなかったとしても、報告したこと自体は決して恥ずかしいことでもなんでもありません。

それよりも、利用者の変化を見過ごすによって、状態の悪化に気づくことができないことこそが、専門職として恥ずべきことであることと心得ておいてください。

Dさん デイ

入浴のあと、Dさんは自宅から持ってきた櫛を出し、洗面台に寄りかかり、きれいに髪をとかしつけていた[21]。

21）どのような経緯で整容をしたかを記録している

衣服の着脱

●ここで使う用語

脱健着患　　プライバシー　　室温調節

リハビリ中の人の場合、衣服の着脱には、その人のやる気を引き出す声かけが大事になります。回復の様子を記録して、次のステップにつなげる援助ができるよう活用しましょう。

Aさん　老健

Aさんはリハビリが進み、サポートなしでもほぼ一人で着替えができるようになった。かぶりのパジャマを患側の右袖から抜こうとするので、「左腕から脱いだほうがスムーズにいきますよ」と声をかけた[22]。Aさんは習ったことを思い出し、その後は一人で脱ぐことができた。かぶりの上着もスムーズに着られた。

22）Aさんの状態に合った声かけをしたことを記録している

移動

●ここで使う用語

体位変換　　まひ　　杖　　車いす
歩行器　　歩行車　　手押し車

移動には、ベッド上の体位変換や臥位から座位、立位への姿勢の変換、車いすやポータブルトイレへの移乗、歩行、車いすでの移動などが含まれます。なんといっても、利用者の安全が第一で、転倒などへの注意はもちろんのこと、体調の変化にも気を配る必要があります。また、ボディメカニクスを活用し、介護職員自身の安全にも配慮しましょう。

Aさん　老健

10時に車いすでリハビリ室に自走した。ベッド上でファーラー位から手すりを使って座位になるのも慣れたようだ。座位になってから少しふらついたので足をしっかり床につけるように声かけをした[23]。座位から車いすに移乗する際は、自力で立てるようになった。

23）Aさんがケガをしないよう配慮したことや移乗の様子を詳しく記録している

Bさん　訪問

買い物支援で近くの商店街へ同行した。車いすを使用しての外出。夏日となり日差しが強いので、タオルを持ち帽子をかぶってもらった。また、のどが渇いたときのために、お茶を水筒に入れて出かけた[24]。ひさしぶりの外出で気分転換になったのかＢさんの表情が生き生きとしているようにみえた。

24）外出時に必要な準備をしたことを記録している

Cさん　デイ

みんなでＫ公園にお花見に出かけた。Ｃさんは歩行に不自由はないが、すり足ぎみで歩くので転倒に注意しながら介助した。また、先日夜中に一人で県境を超えて５つ先の駅まで歩いて行ったと家族から連絡があったので、目を離さないようにした[25]。公園には近所の保育園の子どもたちも来ており、Cさんは「かわいいね」と目を細めていた。

25）外出の際、何に気をつけるべきかを理解し記録している

Dさん

デイ

デイサービスのお迎え時、まひのある右手で杖をもち、左手で手すりをつかまりながら自宅の廊下を歩く。玄関で靴を履くために、手すりにつかまりながら床に腰を下ろす際、支えきれず、ドシンと勢いよく座ってしまう。以前はゆっくり腰を下ろすことができていたのだが、DさんのADLの低下が気になった[26)]。

26）Dさんの動きの特徴をつかんで記録している

食事

●ここで使う用語

全介助　一部介助　水分補給

体調のよし悪しは食欲で推察できます。食べた量、飲んだ量にふだんと違うところがあるかどうか注意して観察しましょう。また、食事中は食べたものをのどに詰まらせたり、誤嚥《ごえん》をしないかにも目を配っている必要があります。記録は、利用者の食事量や要した時間、食べる早さ、むせの有無や状況、嗜好《しこう》の変化など利用者の食事に関する様子だけでなく心身状態を確認する材料にもなります。

Aさん　老健

利き手でない左手に、にぎりやすいスプーンを持って上手に食べられるようになってきた。しかし、ほかの利用者の介助をしていたときに、Aさんのテーブルでがたんという音がした。筑前煮のレンコンがお皿に張り付き、なかなか取れなくなってしまい、むきになったAさんが乱暴につついたので皿がひっくり返った音だった[27]。「Aさん、最後の1個が取れないって悔しいですよね」と声をかけた。Aさんは苦笑して「思う存分、すしが食いたいな」と言うので、「中トロなんか、いいですね」「俺は赤身がいい」と二人で盛り上がった。

27）Aさんが食事時にどういう点に苦労するかを把握したうえで、気持ちに寄り添うことの大切さを記録している

Cさん　デイ

食欲は旺盛だが、注意していないと隣の人の分まで食べてしまう。今日、デイサービスでも、自分のプリンが残っているにもかかわらず、0さんのプリンを取ってしまった。Cさんが、

Oさんのプリンに手を付ける前に、「Cさん、これがCさんのですよ。おいしそうですね。一口どうですか」とCさんのプリンをスプーンにすくって手渡した。Cさんが味わっているうちに、背中から手をまわしてOさんのプリンをCさんの手の届かない位置に置きなおした[28)]。

28）機転をきかせてCさんの失敗をカバーしたことを記録している

Eさん　特養

歯科医による舌苔《ぜったい》の除去により、最近、Eさんはこれまでなかった食欲が出てきて、今日は、ほうれん草の白和え、アジの塩焼き、ジャガイモの味噌汁（すべてミキサー食）、ババロアを30分ほどで完食した。食べてくれるので、どんどんスプーンを口に運んでしまったが、Eさんのリズムに合わない介助となり疲れさせてしまったのではないかと反省した[29)]。

29)Eさんの食事量、時間、介助方法を記録している

入浴

●ここで使う用語

全身浴　シャワー浴　清拭　部分浴
手浴　足浴　陰部浴　臀《でん》部浴　洗髪

風呂場は、事故の多い場所です。転倒以外に温度の変化などにも注意する必要があります。入浴では皮膚など身体全体の観察ができます。少しでも変化があれば記録し関係者に報告しましょう。さらに、プライバシー、羞《しゅう》恥《ち》心《しん》への配慮も必要です。入浴、シャワー浴ができないときには、部分浴を勧めるのもよいでしょう。

Aさん　老健

徐々に自立が進んできたので今日から、か

らだを洗うのは極力自分でやってもらうことにした。今日は背中を洗うのと流すのだけ手を貸した[30)]。Aさんのイキイキとした表情からこれまで介助を受けるのを恥ずかしく思っていたのではないかと思った。

30）Aさんがどの程度自立しているかと自立の重要性を記録している

Bさん　訪問

浮腫軽減のため、血流がよくなるよう足浴をした。居室にビニールシートを敷き、バケツにお湯を入れて足を入れてもらう。足を入れたときには、「あー」と満足そうにため息をついていた。終わった後には、温かいお茶で水分補給をしてもらった。

31）具体的な部分浴（足浴）の方法を記録している

Cさん デイ

入浴の手順にこだわりをもつCさんだが入浴時、タオルに石けんをつけるという行為を忘れた。さらに石けんがついたまま湯船に入ろうとした[32)]。浴室内での動きは手すりにつかまりながら行い、安全が保たれているが、最近時々手順がわからなくなることがある。

32）具体的に理解の程度を把握し、介助の留意点を記録している

Eさん 特養

15時　いつも通り機械浴をした。仙骨《せんこつ》部に直径5cm大の発赤《ほっせき》がみられた。色は薄ピンク。褥瘡《じょくそう》に進む危険性があるので、ほかにもあるかと思い、くまなく見たが、現時点ではそこだけだった。背中の皮膚は乾燥ぎみで、こするとふけのような白いものが落ちる[33)]。発赤を含む皮膚の状態を看護師に報告した。

33）Eさんのからだの異変に気づき記録している

排せつ

●ここで使う用語

トイレ介助　ポータブルトイレ

尿器介助　おむつ交換　血尿　血便

下痢《げり》　便秘

排せつが正常かどうかや、排せつ物の性状は、体調のバロメーターです。きちんと観察して、変化があったときには、報告・記録を必ず行います。また、失禁がある場合には、どんな場面、どんなとき、どの程度なのかを詳細に記録し医者に原因を見極めてもらうための資料にしましょう。

Aさん　老健

トイレの前を通るとAさんが呆然《ぼうぜん》としている様子なので「どうしました」と声をかけた。見るとズボンの前が濡れていた。「間に合わなかった」としょげていたのでAさんの羞恥心《しゅうちしん》に配慮して、パンツとズボンを取ってくるのでトイレの中で待っていてくださいと伝えた。温かいタオルをわたして拭いてもらい、着替えてもらった。「私たちもくしゃみすると出ることもあるんですよ。女性はよくあるんですよ」などの話をし、「リハビリとして時間を決めてトイレに行くようにしてはいかがですか」と提案した[34)]。

34）Aさんの気持ちに配慮しかつ失禁防止の助言内容を記録している

Cさん　デイ

認知症が進んで、尿失禁をすることが多くなりリハビリパンツをはいている。一昨日から下痢が続いているとのこと。本日も便失禁ある。今朝家族に聞いたところによると、ゴミ箱の残飯を食べてから下痢が始まったという。食べると出るようなので、昼食とおやつの後、トイレに誘導して、便失禁は、防げた。連絡帳で水分補給の必要性を家族に伝達した。

連絡帳

食べるとすぐ出るようなので昼食後とおやつの後にトイレにお連れすることで失禁は防げました。ただ、まだ下痢気味なので十分な水分補給をお願い致します。

35）下痢の原因および介護の方法について記録している

Dさん　デイ

昼食のため、みんなが集まっている食堂で、Ｄさんが失禁をした。

少し前から尿意は覚えていたものの、食事の準備で忙しそうなスタッフに「トイレに行きたい」と声がかけられず、我慢していたのだと言う。Dさんは、「ごめんね、ごめんね」と言い、いつも参加するレクリエーションに参加しなかった。また一日中誰とも会話をせず、うつむいていた。ひどく自尊心が傷ついた様子である[36)]。

36）起こった事柄と利用者の反応を記録している

睡眠

●ここで使う用語

起床介助　就寝介助　シーツ交換

ベッドメイク　布団干し

Dさん　デイ

お迎え時、めずらしくDさんは寝ており、

妻から「いくら起こしても起きないので今日は休ませます」とのことばがあった。どうしたのかを尋ねると、「昨晩夜中に起き出し、何かごそごそとずっと探し物をしているみたいだったんです。何をしているのか聞いたんですけど、具体的には何も言ってくれなくて、結局布団に入ったのは明け方になっていたんです」[37] とのことであった。

37）睡眠の状態及びデイサービス中止の理由を記録している

送迎

●ここで使う用語

安全　　車いす

Cさん　デイ

9時に玄関前に到着。家族が本人を呼んだ

が、なかなか応じず部屋から出てこなかった。家族に断わって家に上がり「Cさーん、おはようございます。行きましょうか」と声をかけた。Cさんは、声かけに応じることなく、けわしい表情でふりむいた。

「今日はCさんの好きな『矢切の渡し』を歌いましょうよ。ちあきなおみもいいですよねー」と言うと、穏やかな表情になり、「そう。あっちのほうが好き」と答えた[38]。「それじゃあ、早く歌いに行きましょう」と誘うと、「じゃあお金を持っていかなくちゃ」と言い財布を持って立ち上がった。Cさんの機嫌を損ねないようコートを着せるときに財布を預かり、そっと家族に手渡した。

38)Cさんの好みにあわせた働きかけによって、Cさんの気持ちを変えることができたことを記録している

外出支援

●ここで使う用語

介護タクシー　　通院介助　　外出介助

診察時間　　介助時間　　院内時間

Bさん　**訪問**

病院の予約時間が14時なので、13時半に訪問した。Bさんは、すでに外出の準備を整えて玄関で待っていてくれた。車いすでH病院に移動。他の人に注意しながら車いすを押した。

13時50分に病院に到着。診療の際は、家族の希望により、介護職員も診察室に同行した。

医師からBさんに、最近の様子を尋ねるとBさんは、変化はないと医師に返事をした。問診の後、医師から「しばらく同じ薬を続けて、様子を見ましょう。次回は1か月後に来てください」と告げられた[39)]。

来月の予約票と処方せんを受け取る。
その後、院外薬局に移動し、薬を受け取り16時50分に帰宅。帰宅後、Bさんのご主人に、「しばらく同じ薬を続けて様子を見ることになりました」と報告し、来月の予約を変更する場合は、病院に電話する必要があることも伝えた[40)]。

39）Bさんの身体状態および医師のみたてを記録している
40）Bさんの家族に報告した旨を記録している

レクリエーション

●ここで使う言葉

楽しむ　安全　疲労　残存能力
表情　状態　参加　感想　熱中
飽きる　ソワソワ　雰囲気　興奮

レクリエーションは、単調になりがちな利用者の生活のなかでの楽しみとして重要です。利用者がどのような様子だったかの記録は、家族への報告にも役立ちます。

Aさん　老健

風船バレーに誘うと、「いやあ、いいよ」と断られた。「見るだけでも。レク室まで散歩しましょう」と言うと、「それじゃあ」と言って歩き始めたので、横に付き添い歩行を見守った。
Aさんよりからだが不自由なFさんが活躍しているのを見ると「がんばれ」と応援していた。「今度はAさんも」と勧めると、コートに入って風船を追っていた。「おもしろかった。またやりたい」と言ってくれた[41]。

41）Aさんがレクリエーションにどう参加していったかの心の変化を記録している

Cさん　デイ

カラオケが好きで、一度マイクを持ったら放さなくなってしまう。今日もデイサービスで、Gさんとマイクの奪い合いになってしまった。「じゃあ、デュエットしましょう」と言って「銀座の恋の物語」を急いでかけたら、二人で歌ってくれた[42]。その後は疲れたのか他の人が歌っている様子を、静かに見ていた。

42）他の利用者との関わりを記録している

Eさん　特養

今日は秋祭り。Eさんも車いすで食堂まで下りてイベントに参加した。くじでババロアを当てて、コーヒーショップで完食した。阿波踊りの人たちが太鼓をどんどん鳴らすと、それに合わせて手をたたくしぐさを見せたので、「Eさんお上手ですね」と言うと、「あー」と手を振って照れくさそうに笑っていた[43]。

43）Eさんの興味・関心について記録している

Cさん　デイ

昼食を終え14：00頃、みんなでカラオケをしていたときに、Cさんが一人で階段のほうに向かうので、「Cさん、そっちには行かないでください」と声をかけたが、無視して階段を上ろうした。そこで、肩に手をかけたところ、Cさんは「うるさいっ」と大きな声を出して手を振り払った。私が「そっちは危ないから行っちゃダメです」と言ってCさんの前に立って制止すると[44]、「なにをー、どけっ」と言って私の肩を両手で突いた。すぐに、ほかの介護職員が騒ぎを聞きつけ、集まってきてCさんを取り囲んだ[45]。

するとCさんはよけい興奮したようで、手を振り回し、足で介護職員Aのお腹を蹴った。ほかの利用者が不安そうに見ているので、Cさんを医務室に誘導した。ベッドに横になってもらったが、すぐに起き上がろうとするので、所長が家族に連絡し、早めに帰宅させることになった。家族は、今は仕事場にいて、40分後に迎えに来るということだった。いつもは明るく穏やかなCさんが、突然攻撃的になったことに驚いた。認知症の進行が原因とも考えられるので、今後は対応に留意しながら観察していく必要があると考える。

連絡帳

本日はお仕事でお忙しい中、予定時間を繰り上げてC様のお迎えにいらしていただくことになり、誠に申し訳ございません。お詫び申し上げます。

いつも穏やかなC様が、本日突然、攻撃的な行動をとられた原因を、私どもは把握しかねております。今後、C様のご様子をより一層注意深く見守りながら、適切な対応方法を考えてまいりたいと存じます。

ご家族様には、C様のご様子でお気づきの点などございましたら、お知らせください。

今後も、C様へよりよいケアをご提供できるよう、職員一同努力してまいりますので、ご家族様には引き続きご協力賜りますようお願い申し上げます。

44）対応を具体的に記録している
45）周囲の様子について記録している

緊急対応

●ここで使う用語

バイタルサイン　呼吸　心肺停止
意識消失　脈拍異常　痙攣

高齢者はわずかな身体変化や時間の経過で容態が急変する可能性があります。決してあわてることなく迅速かつ的確に対応しましょう。

Dさん　訪問

妻から朝早く出かけるとの連絡があり、早めに訪問すると、Dさんが青ざめた顔でソファーに横たわっていた。あわてて駆け寄り、「大丈夫ですか」と声をかけ、肩をたたくが反応がない。すぐさま救急車を呼んだ。胸腹部が動いており、ふだんどおりの呼吸であることが確認できたため、心肺蘇生は行わなかった[46]。事業所に連絡を入れ、事態を報告。事業所の指示を受けて、そのままDさんに付き添い病院へ向かった。

近くのX救急病院に到着し、Dさんは集中治療室に運ばれた。

事業所に連絡を入れ、状況を報告。妻に連絡がとれ、これから病院に向かうと言っていること。所長が病院に向かっているので、所長が到着するまでは、その場で待機すること。万が一、Dさんに何か異変があったら、すぐ事業所に連絡するようにと指示を受ける。

約15分たって、所長と主任が到着したので、交代して事業所に戻った[47]。

46）Dさんの状況が詳細に記録している
47）時系列にどう対応したか記録している

【MEMO】

第５章

介護記録で使うことば

介護記録を正確に書くためには、用語など正しい知識が必要です。また記録は利用者の家族が見ることもあるため、ていねい語、謙譲語の使い方にも気をつけましょう。

医療職やケアマネジャーが書く、症状を表す専門用語

痛みを表す用語

疼痛	とうつう	痛み
圧痛	あっつう	押すことで生じる痛み
疝痛	せんつう	非常に強い刺すような腹部の痛み
鈍痛	どんつう	重くズーンとした痛み
拍動痛	はくどうつう	ズキンズキンとした、脈打つような痛み

胃腸症状を表す用語

胃部不快感	いぶふかいかん	食欲が低下していたり、吐き気があるなど、胃部が不快な状態
悪心	おしん	吐き気。嘔気ともいう
嘔気	おうき	吐き気。悪心ともいう

嘔吐	おうと	吐くこと
胃部膨満感	いぶぼうまんかん	胃部が異常に張った感じ
腹部膨満感	ふくぶぼうまんかん	腹部が異常に張った感じ
鼓腸	こちょう	お腹にガスがたまってふくれた状態
裏急後重	りきゅうこうじゅう	しぶり腹のこと。下痢便が出そうな感じが繰り返される状態
残便感	ざんべんかん	排便後に便が出きらない感じが残った状態

のど、呼吸器・循環器の症状を表す用語

口渇	こうかつ	のどの渇きのこと
咳嗽	がいそう	せきのこと
喀痰	かくたん	痰を出すこと
誤嚥	ごえん	物を飲み込む際に、食道ではなく気管に入ってしまうこと
喘鳴	ぜいめい・ぜんめい	呼吸時に聞かれる異常な音

呼吸苦	こきゅうく	息苦しさ
呼吸困難	こきゅうこんなん	スムーズに呼吸ができない状態
吃逆	きつぎゃく	しゃっくりのこと
動悸	どうき	運動後のような心臓の拍動を自覚する状態
心悸亢進	しんきこうしん	動悸と近い意味だが、拍動がより強く早く打たれるように感じるときに使われる

排尿に関する症状を表す用語

頻尿	ひんにょう	頻回に排尿する状態
乏尿	ぼうにょう	尿が出なくなる状態
尿閉	にょうへい	排尿したいのに、尿が出ない状態
排尿痛	はいにょうつう	排尿時に生じる痛み
尿失禁	にょうしっきん	尿が漏れてしまう状況
残尿感	ざんにょうかん	排尿後に尿が出きっていない感覚

皮膚の症状を表す用語

掻痒感	そうようかん	かゆみのこと
浮腫	ふしゅ	むくみのこと
蒼白	そうはく	血の気が引いたような皮膚の色
紫斑・紅斑	しはん・こうはん	皮膚上にみられる赤紫の斑。点状のものからあざのようなものまである

意識や認知症に関する症状を表す用語

せん妄	せんもう	一時的に幻覚や幻聴が生じ、うわごとを言ったり、異常行動を見せる状況。手術後や急な入院などのときに見られることがある
徘徊	はいかい	認知症の症状で、本人だけがわかる何らかの目的をもって、どこかに行ってしまったり、同じところをぐるぐるとまわり続けるなどの行動のこと
感情失禁	かんじょうしっきん	泣いたりするような事柄ではない状況で、急に泣き出したりする状況

自傷行為	じしょうこうい	自分で自分を傷つけてしまう行為
常同運動	じょうどううんどう	認知症やその他の精神疾患でみられる症状で、同じ行動を繰り返して行い続けること
弄便	ろうべん	認知症の症状で、排泄した便をいじって壁に付けたりする行為

骨・関節の症状に関する用語

拘縮	こうしゅく	関節の角度が狭まって動かなくなる状況。動かさないことで起こる。
尖足	せんそく	拘縮の一つで、足首に起こったもの。長時間仰臥位でいたことで、足首がバレリーナのように伸びて動かなくなった状況
爪肥厚	そうひこう	爪が厚くなってしまった状況
跛行	はこう	歩行に障害の出た状況

全身の症状を表す用語

発熱	はつねつ	熱がでていること
悪寒	おかん	熱が出るときに生じる寒気
倦怠感	けんたいかん	だるさのこと
振戦	しんせん	震えのこと

便・尿の状態を表現する用語

排せつ介助で目にした便や尿の状況を、記録を目にしたすべての人が同じように認識するための表現

便の形状を表す用語

水様便	すいようべん	水のような便のことで、薄く色が付き浮遊物があることもある
泥状便	でいじょうべん	泥水のような便。粘液の塊のような透明な部分がある場合もある
タール便	たーるべん	胃などから出血したときに、血液が便となって出たもの。濃い泥状便のような形状だが、粘稠度があり、便とは違う強い臭いを発する
軟便	なんべん	軟らかい便。排便時にきれいな形が残らない
硬便	こうべん	硬い便。排便時にいきみが必要

兎糞便	とふんべん	非常に硬く、うさぎの便のようにコロコロとした便
血便	けつべん	便の表面にすじ状に血液が付いている便。または、硬便で、普通の便と血液部分がある便

尿の色を表す用語と異常な尿を表す用語

淡黄色	たんおうしょく	かすかに黄色みかかった色
黄褐色	おうかっしょく	濃いめの黄色から、褐色がかった色
赤褐色	せきかっしょく	赤味がかった色
混濁尿	こんだくにょう	濁った尿で、浮遊物があることもある
血尿	けつにょう	血の混ざった尿。すじ状に血液が入っていたり、全体的に赤く不透明になっている尿

記録によく使われる略語、単位。自分で記録する場合、略語は使用しないようにしましょう

略語

Dr	docdor	医師
Ns	nurse	看護師
PT	physical therapist	理学療法士
OT	occupational therapist	作業療法士
ST	speech-language-hearing therapist	言語聴覚士
Fa	family	家族
Hp	hospital	病院
B.B	bed bath	全身清拭
M.C	mouse care	口腔清拭
St	stool	便
Ur	urine	尿
P トイレ	potablr toilet	ポータブルトイレ

測定値の表記法

<table>
<tr><td>BP</td><td>blood pressure</td><td>血圧</td></tr>
<tr><td colspan="3">表記例）BP＝146/84mmHg</td></tr>
<tr><td>P</td><td>pulse</td><td>脈</td></tr>
<tr><td colspan="3">表記例）p＝80回／分</td></tr>
<tr><td>T</td><td>temperature</td><td>体温</td></tr>
<tr><td colspan="3">表記例）T＝36.8℃</td></tr>
<tr><td>Wt</td><td>weight</td><td>体重</td></tr>
<tr><td colspan="3">表記例）Wt＝62kg</td></tr>
<tr><td>H</td><td>hour</td><td>時</td></tr>
<tr><td colspan="3">表記例）排尿 120mL/h</td></tr>
</table>

人体各部の名称

専門的な言い方をおぼえましょう

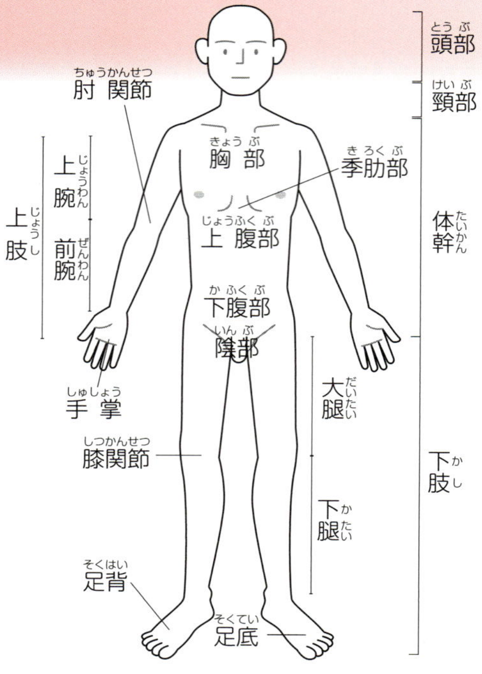

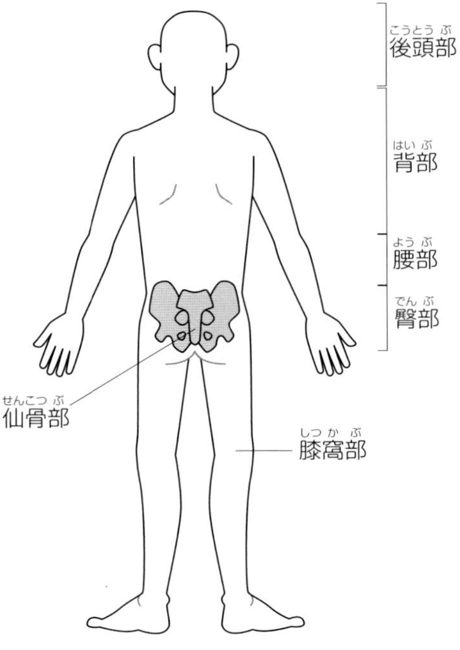
後頭部《こうとうぶ》
背部《はいぶ》
腰部《ようぶ》
臀部《でんぶ》
仙骨部《せんこつぶ》
膝窩部《しつかぶ》

体位の名称

体位にもそれぞれ名称があります

臥位の名称

- 仰臥位《ぎょうがい》:仰向けのこと。

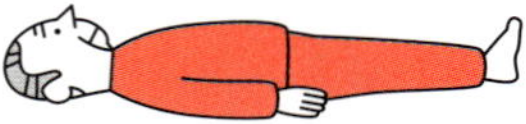

- 腹臥位《ふくがい》：うつぶせのこと。

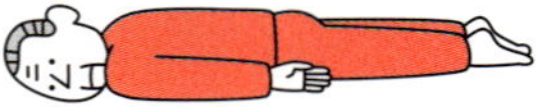

- 側臥位《そくがい》：横向きのこと。

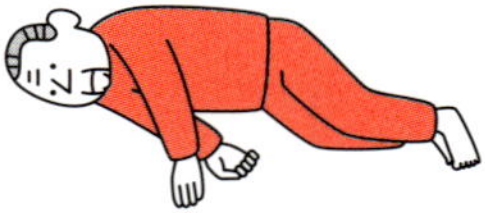

- ファーラー位：上半身を
45度起こした姿勢。

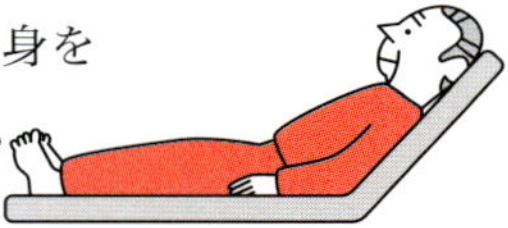

座位・立位の名称

- 端座位《たんざい》：ベッドの端に座っている姿勢。

- 立位《りつい》：立った姿勢のこと。

- 椅座位《きざい》：いすに
座った姿勢のこと。

ジェノグラム

　ジェノグラムとは家族構成を図式化したものをいいます。フェイスシートの家族構成欄などに使われます。フェイスシートは、一般の介護職員が記入することはありませんが、内容を理解できることは必要です。ジェノグラムは、一目で家族の相関関係がわかるようになっています。いろいろな表記法がありますが、おおよそのルールを以下に示します。

- 男性は□、女性は○で表す。
- 年長者、男性を左に配置。ただし本人が女性の場合は女性を左に。
- 本人は二重囲いとする。
- 年齢は枠内に書く。
- 亡くなっている場合は黒く塗りつぶす。

- 婚姻は男女間を線で結び、子どもは線の下に出生順に左から書く。
- 通常、本人を中心に３世代ほどを作成する。

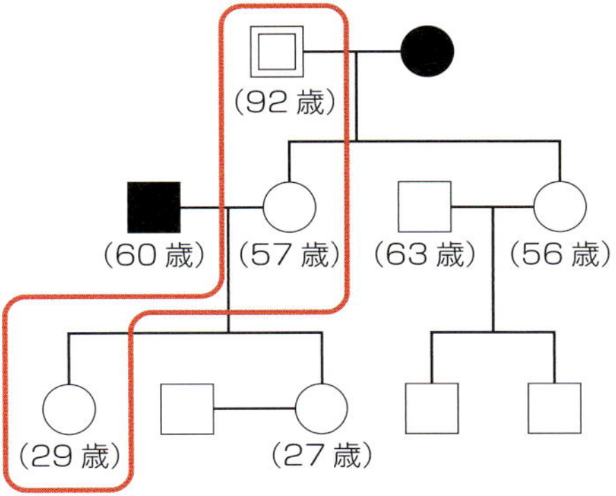

◆参考文献

●田形隆尚『ケアが変わる　介護記録の書き方』中央法規出版、2007年
●廣池利邦、白井幸久監修『介護職従事者必携！　もっと伝わる文例たっぷり 介護記録 書き方ハンドブック』日本医療企画、2012年
●株式会社ヘルスケア総合政策研究所編『ポケット判 介護職員のための重要用語集』日本医療企画、2012年

【監修者略歴】

松井　奈美（まつい　なみ）

1986年、千葉県習志野市役所福祉課に入庁。ホームヘルパーとして勤務しながら、2000年、東洋大学大学院福祉社会システム専攻を修了。浦和短期大学福祉教育センター職員、浦和短期大学福祉科専任講師、新潟医療福祉大学社会福祉学部社会福祉学科講師、日本社会事業大学講師、准教授を経て、現在、植草学園短期大学福祉学科教授。介護福祉士、介護支援専門員。

●編集協力／有限会社エイド出版
●表紙デザイン／能登谷　勇
●表紙イラスト／どい　まき
●本文イラスト／佐藤加奈子

介護のしごとが楽しくなるこころシリーズ 8
よく見て伝える　介護記録の書き方

2014 年 5 月 25 日　初版第 1 刷発行

監　修　者　松井奈美
企画・制作　株式会社ヘルスケア総合政策研究所 ©
発　行　者　林　　諄
発　行　所　株式会社日本医療企画
〒101-0033
東京都千代田区神田岩本町 4-14 神田平成ビル
TEL.03-3256-2861（代）
http://www.jmp.co.jp/
印　刷　所　大日本印刷株式会社

ISBN978-4-86439-252-5 C3036　Printed in Japan, 2014
（定価は表紙に表示してあります）